H. C. Artmann

MEIN ERBTEIL VON VATER UND MUTTER

HANS CARL ARTMANN

Mein Erbteil von Vater und Mutter

Überlieferungen und Mythen
aus Lappland
Mit Linolschnitten
von Ali Schindehütte

KALEIDOSKOP
MERLIN

Fischefangen und anderes

Der Fuchs fing im Winter einmal zu wandern an, er kam an einen Schlittenweg, er dachte: Wie wäre es, wenn ich tot spielte? Er spielte tot und legte sich in eine der Kufenspuren, er streckte die Beine weit weg von sich. Es fuhr an diesem Orte ein Berglappe mit seinem Reiseschlitten vorbei, er sah den Fuchs, er hob ihn auf und warf ihn nach hinten auf den Schlitten. Auf dem Schlitten war auch eine große Ladung Fische, darauf lag der Fuchs, er streckte die Beine weit von sich, als wären sie steif gefroren. Der Berglappe ging wieder zum Leitren vor, das führte er. Er trieb es an. Da bekam der Fuchs ein zweites Leben, er kroch an die Zugseile, er biß eines durch, er biß das andere durch, der Schlitten blieb zurück. Nach einer Weile merkte der Berglappe, daß er mit seinen Rentieren allein auf der Welt war, der Schlitten war fort. Er kehrte um, er konnte den Schlitten nicht mehr finden, ein Schneesturm hatte alle Spuren zugeweht. Er konnte nichts machen …

Nun nahm sich der Fuchs alle Fische und trug sie

davon. Ein Bär kam und sah, daß der Fuchs viele Fische trug, er näherte sich dem Fuchs, er fragte: »Von wo hast du die her?«

»Ich habe meinen Schwanz in den Brunnen der irdischen Leute gesteckt, da sind alle diese feinen Fische daran hängengeblieben!«

»Hei hei hei«, sagte der Bär, »kannst du es nicht so anstellen, daß auch an meinem Schwanz so viele feine Fische hängenbleiben?«

»Du hältst ja niemals aus, was ich ausgehalten habe!«

»Voi, voi«, sagte der Bär, »ich sollte nicht so viel aushalten wie du?«

»Nun, so steck du eben auch deinen Schwanz in den Brunnen der irdischen Leute ...«

»Wo ist der?« fragte der Bär. Der Fuchs führte den Bären an den Ort, wo der Brunnen der irdischen Leute war. Er sagte: »Hier ist der Brunnen, aus dem ich die Fische gefischt habe!«

Der Bär steckte seinen Schwanz in den Brunnen und wartete. Der Fuchs ging eine Weile herum, inzwischen fror der Bär im Brunnen fest. Als der Fuchs merkte, daß der Bär mit seinem Schwanz im Brunneneis hing, fing er laut zu rufen an: »Kommt, ihr irdischen Leute, kommt, nehmt Flinten und Spieße, der Bär scheißt euch in euren Brunnen!« Die irdischen Leute kamen mit Flinten und Spießen, der Bär sah sie, er fuhr hoch, er riß in der Eile

seinen eigenen Schwanz ab, der blieb im Eis zurück. Der Fuchs sprang in den Wald, er kroch schnell unter die Wurzeln einer Kiefer. Er sagte zu seinem Fuß: »Mein Fuß, was willst du tun, wenn ich verraten werde?«
»In Eile springen«, sagte der Fuß.
Er sagte zu seiner Nase:
»Meine Nase, was willst du tun, wenn ich verraten werde?«
»Weitaus schnuppern«, sagte die Nase.
Er sagte zu seinem Ohr:
»Mein Ohr, was willst du tun, wenn ich verraten werde?«
»Gehörig lauschen«, sagte das Ohr.
Er sagte zu seinem Schwanz:
»Mein Schwanz, was willst du tun, wenn ich verraten werde?«
»Steuern, steuern, gradaus, gradaus!«
Der Bär kam bis an die Kiefer, er witterte, er begann an den Wurzeln zu scharren, er grub an den Wurzeln. Zuletzt erwischte der Bär den Schwanz des Fuchses, er zog den Fuchs hervor, er warf ihn über die Schulter und trug ihn fort.
Der Bär kam an einer Birke vorbei, auf der Birke sah er einen bunten Specht sitzen, der Specht hackte in den Baum. Der Fuchs am Bärenrücken sagte: »Das waren noch Zeiten, als ich diese schönen Vöglein buntmalte!«

»Kannst du mich nicht auch so schön buntmalen?« fragte der Bär. Der Fuchs sagte: »Ach was, du hältst sowas ja doch niemals aus ...«
»Voi, voi, voi«, sagte der Bär, »ich sollte das nicht aushalten?«
»Wenn ich dich buntmalen soll, so muß ein tiefer Graben gegraben werden, Weidenruten geflochten werden, Pfähle eingeschlagen werden, Pech in den Graben gegossen werden, Feuer darauf angezündet werden!«
»So schwer kann die Arbeit gar nicht sein«, sagte der Bär, »ich bringe sie schon fertig.« Der Bär machte sich an die Arbeit.
Nachdem nun alles fertig war, band der Fuchs mit den geflochtenen Weidenruten den Bären am Grabenrand fest, er hängte ihn an die eingerammten Pfähle. Als aber das Feuer auf dem Pech brannte, fing der Fuchs an, das Weidenrutengeflecht durchzubeißen. Der Bär dachte, sein Rücken werde nun bunt bemalt. Der Fuchs setzte ein wenig mit dem Zerbeißen der Weidenruten aus. Der Bär sagte: »Heiß, heiß, heiß, alter Fuchs!« Der Fuchs antwortete: »Sagte ich dir nicht, daß du nie das aushalten würdest, was dieses kleine Vöglein ausgehalten hat?«
»Ich halte es aus, ich halte es aus«, rief der Bär. Seine Haare fingen schon zu brennen an ...
Da biß der Fuchs nun alle Weidenruten durch, er

gab dem Bären einen Stoß, der Bär fiel in den brennenden Graben. Der Fuchs sprang davon in den Wald, dort blieb er und wartete, bis er wußte, daß alles verbrannt und verloschen war. Er kehrte mit einem ledernen Sack zurück, er sammelte alle Knochen sorgfältig ein, er trug die Knochen in seinem Sack fort.

Nun traf er einen Menschen, er schüttelte den Sack, die Knochen rasselten. Der Mann blieb stehen, er hörte das Rasseln, er dachte bei sich: ›Hat es da drinnen nicht nach Gold und Silber gerasselt?‹

»Was hast du da drinnen?« fragte der Mann.

»Accam ja ädnam arbe!« sagte der Fuchs, »mein Erbteil von Vater und Mutter ...«

»Magst du es mir nicht verkaufen?«

»Wenn du mir das kleine Schlittenren da gibst«, sagte der Fuchs, »und das zweiwintrige da und außerdem noch die kleine Renkuh da ...«

»Das sollst du alles kriegen«, versprach der Mann.

»Gut«, sagte der Fuchs, »aber wenn ich dir diesen Sack verkaufe, so darfst du erst nach fünf, sechs Hügeln hineinschauen. Falls du das nicht einhältst, wird der ganze Inhalt zu verbrannten Knochen!«

Sie kamen überein, sie tauschten. Der Mann nahm den Sack, der Fuchs die Rentiere, jeder ging seinen Weg, der Fuchs mit den Rentieren, der Mann mit dem Gold- und Silbersack ...

Wie verschiedene Dinge ihre Namen erhielten

Der Fuchs hatte auf irgendeine unredliche Art Rentiere erworben, er wollte die Rentiere schlachten, er brauchte Helfer. Er rief zusammen: Bären, Wölfe, Vielfraße, Hermeline, Mäuse, Schneefüchse, Eulen, Schlangen und den Frosch. Sie fingen an zu helfen, sie begannen auf die Rentiere zu schießen, sie töteten die Rentiere. Der Bär schoß in das Kieferbein: seit diesem Schlachttag gibt es im Renkiefer eine Stelle, die *Bärenpfeil* heißt.
Der Wolf schoß in den Hinterschenkel: darum hat der Rentierhinterschenkel ein Zeichen, das *Wolfspfeil* heißt.
Der Vielfraß schoß in den Nacken: deshalb sitzt das *Hermelinszeichen* an der Luftröhrenwurzel.
Die Maus schoß in die Klauenöffnung: deshalb hat diese das Zeichen *Mausepfeil*.

Die Eule schoß in den Mastdarm: Im Mastdarm findet man seither den *Eulenpfeil.*
Der Weißfuchs schoß in die Ohrwurzel: darum findet man in der Ohrwurzel, ganz hinten, einen sehr kleinen Knochen, welcher der *Weißfuchspfeil* heißt.
Die Schlange schoß in das Darmfett, welches am Mastdarm festhängt: darum ist im Darm das Zeichen *Schlangenpfeil.*
Der Frosch schoß in das Herzfett: darum findet man zwischen Herzfett und Herz einen kleinen Knochen, der *Froschpfeil* heißt.
So töteten sie in aller Ruhe alle Rentiere.
»Nun will ich den Labmagen auswaschen gehen«, sagte der Fuchs. Er ging zu einer Quelle, es lag ein großer Stein davor. Er ging hinter den Stein und fing laut zu jammern an, er schrie wie einer, den die Menschen erwischt haben. Die anderen Tiere hörten das, sie erschraken und fürchteten um ihr Leben, jedes versteckte sich. Der Fuchs blieb allein zurück und begann zu kochen. Da kam der Mann, den der Fuchs um die Rentiere geprellt hatte, er sagte: »Warum hast du meine Rentiere geschlachtet?«
»Glaub nur nicht, daß ich das getan habe, mein Bruder … Meine Gäste haben die Rentiere geschlachtet!«
In diesem Augenblick bemerkte der Mann einen

fettschnäuzigen Vielfraß umherspringen, er griff nach dem Kesselstecken, er schlug mit dem Kesselstecken nach dem Vielfraß, traf aber nur die Schwanzspitze. Seit dieser Zeit hat der Vielfraß eine schwarze Schwanzspitze.

Der Fuchs sprang in den Wald. Er lief durch den Wald, er kam an einen Fluß. Ein Mann stand am Flußufer, er setzte sein Boot instand. Der Fuchs sagte zu dem Mann: »Darf ich mit dir fahren, wenn ich dir dein Boot instandsetze?«

»Wenn du nicht aufhörst, mir so dumme Vorschläge zu machen, werfe ich dich auf diesen Stein da draußen im Wasser!«

»Darf ich mit dir fahren, wenn ich dir dein Boot instandsetze?«

Der Fuchs fragte noch einmal. Der Mann nahm den Fuchs, er warf ihn auf den Stein hinaus, der Fuchs fing zu rufen an:

»Kommt, Fische, bringt mich zum anderen Ufer hinüber!«

Die Fische kamen, der Hecht kam:

»Nein«, sagte der Fuchs, »auf deinen flachen Rükken will ich nicht steigen ...«

Die Aalraupe kam:

»Auf deine schleimige Haut will ich nicht steigen ...«

Die Äsche kam:

»Auf deinen Buckelrücken will ich nicht steigen ...«

Der Barsch kam:
»Auf deinen zackigen Rücken will ich nicht steigen ...«
Die Rotforelle kam:
»So, du bist also auch da? Nein, du taugst ebensowenig ...«
Die Forelle kam:
»So, auch du bist da? Nein, du taugst ebenfalls nicht ...«
Der Lachs kam:
»Ja, du bist der richtige, du taugst mir! Komm aber ein klein wenig näher, damit ich mir nicht meinen Fuß naß mache ...«
Der Lachs schwamm ein wenig näher, der Fuchs ergriff ihn, er warf ihn ans Land, steckte ihn an einen Bratspieß und zündete ein Feuer an. Da begann es zu krachen. Der Fuchs sagte zu sich:
›Jetzt kommen gar Soldaten!‹ Er warf seine Augen nach dem Fisch ... ›Es ist ja mein Fischlein, aus dem es so kracht!‹
Die Augen schlugen gegen einen spitzen Stein, sie fielen ins Feuer, sie verbrannten. Der Fuchs ging ohne Augen fort, er war augenlos. Er kam zur Birke:
»Hast du ein Paar Äuglein für mich über?«
»Nein, Fuchs!«
Er kam zur Kiefer, er versuchte von der Kiefer zu borgen:

»Hast du Augen für mich?«
»Nein, Fuchs!«
Er kam zur Espe, er fragte die Espe:
»Hast du ein Paar Äuglein über?«
»Ja, aber ich borge sie nur für ganz kurze Zeit her …«
»Du brauchst sie mir nicht für lange zu borgen, gleich hinter diesem Hügel liegen meine eigenen …«
Er bekam die Augen, er sprang damit fort, er rief:
»Von Geschlecht zu Geschlecht habe ich die Augen der Espe!«
Die Espe hat seit dem Tag, da sie ihre Augen an den Fuchs verborgte, verbrannte Augen. Die Espe war sehr zornig, sie schlug nach dem Fuchs, sie traf aber nur ein weniges von der Schwanzspitze, darum blieb die Schwanzspitze des Fuchses weiß.

Auf die Frage, wer der Stallo sei …

Der *Stallo* ist eigentlich ein ganz gewöhnlicher Mensch wie alle anderen, nur größer und stärker ist er meistens. Es hat aber immerhin schon Leute gegeben, die es mit dem *Stallo* aufnahmen und ihn im Kampfe töteten. Da konnten sie wirklich von Glück reden. Der *Stallo* ist ein Zauberer, er kann zaubern, er verwandelt sich in allerlei Gestalten. Einmal ging er sogar als Mond verkleidet um. Da saß er in den Bäumen und belauerte die vorbeikommenden Menschen, er griff nach ihnen. Er ist ein Menschenfresser … Am liebsten macht er Würste aus dem Menschenfleisch. Aber manchmal ißt er es auch in der Suppe.

Seine Frau ist ebenfalls eine Menschenfresserin, eine Blutsaugerin, eine böse Wanze, die den Menschen mit einem Eisenrohr das Blut aussaugt. Sie kocht die unguten Suppen und bereitet die bösen Würste zu, da essen sie dann, das schmeckt ihnen sonderlich.

Die Kinder des *Stallo* sind von Jugend auf schlecht, sie sehen ja von zuhause nichts besseres, sie wachsen unter Menschenfressern auf. Es ist nicht selten vorgekommen, daß Stallosöhne um Lappenmädchen freiten und sie heirateten, das war meistens eine üble Sache, wie man aus vielen Geschichten erfährt. Andrerseits kam es auch wiederum vor, daß ein Lappe eine Stallotochter zur Frau nahm, wie das ausgeht, kann man nie wissen, es kann ja vorkommen, daß einer trotzdem Glück dabei hat.

Der *Stallo* hat immer einen großen Schatz verborgen, Gold und Silber und anderes von Wert. Wenn der *Stallo* einen Menschen zum Kampf fordert, nimmt er ihm vorher das Versprechen ab, ihn, den *Stallo*, anständig zu begraben, falls er im Kampfe unterliegen sollte. Unter einem Steinhügel meistens. Auch verrät er vor jedem Kampf sein eigenes Schatzversteck, es geht ja ohnedies auf Leben und Tod. Dabei ist schon mancher reich geworden, aber es ist ein schwerer Kampf. Der Aufgeforderte muß natürlich gleichfalls sein Versteck verraten, das gehört sich so. Der *Stallo* begräbt auch seinen gefallenen Gegner, seine Verträge hält der *Stallo* immer, da gibt es keine Klagen. Aber er ist trotzdem ein Menschenfresser, und es ist besser, wenn man sich mit ihm auf keine Geschäfte einläßt, das ist ein Sprichwort. Es hat einmal einen sehr reichen Gebirgslappen gegeben, namens Matthias, der erschlug zu seiner Zeit nicht weniger als drei *Stallos*, das war der Grund seines Reichtums. Es ist schon lange her. Heute sind die *Stallos* Gott sei Dank sehr selten, aber hin und wieder mag schon einer auftauchen …

Zischfisch

Ein Knabe hatte sich einmal verirrt, er ging und ging, er kam zu der Behausung eines Stallos. Der Stallo behielt ihn einige Zeit, er mästete ihn, er wollte ihn aufessen, sobald er fett geworden war. Als er ihm fett genug schien, schickte er ihn in den Wald um einen Bratspieß. Der Knabe ging; er hatte aber kein gutes Gefühl, er dachte: ›Wozu braucht der Mann einen Bratspieß, wir haben doch kein Fleisch im Haus?‹ Er suchte daher krumme, unbrauchbare Äste und Zweige von einem Weidenbaum.

»Die taugen nichts …« sagte der Stallo, »bring bessere Bratspieße!«

Der Knabe ging, er brachte aber wiederum nur krumme, unbrauchbare Weidenäste.

»Gibt es in diesem Wald keine besseren Bratspieße?« fragte der Stallo.

»Nein«, sagte der Knabe, »es sind keine besseren zu finden ...«

»Dann werde ich selber um welche gehen!«

Da sich nun der Stallo anschickte, in den Wald um Bratspieße zu gehen, fragte der Knabe:

»Aggjam, Aggjam, maste don änemusat balak? Lieber Großvater, vor was hast du die meiste Angst?«

»Suda guolest!« sagte der Stallo, »vor dem Zischfisch.« Damit meinte er die Schlange. Während nun der Stallo im Walde umging und einen besseren Bratspieß suchte, warf der Knabe die krummen Weidenäste in das Feuer. Dann nahm er die Silbersäcke des Stallo, er band dicke schwarze Wollfäden daran. Die Weidenäste begannen im Feuer zu fauchen und pfeifen, sie waren noch saftig, sie zischten wie eine Grube voller Schlangen ...

Der Stallo kam nach Hause, der Knabe sagte zu ihm:

»Aggjam, Aggjam, gula suda guole? Lieber Großvater, hörst du die Zischfische?«

Der Stallo horchte, er erschrak fürchterlich, er dachte, sein ganzes Haus sei voller Schlangen. Er sprang zu seinen Silbersäcken, er wollte mit ihnen davonlaufen, da sah er die dicken, schwarzen Wollfäden, die der Knabe darangebunden hatte, er dachte, das wären die Schlangen.

Er warf die Säcke fort, sprang durch die Türe und rief:

»Jetzt spring ich von Berg zu Berg!« So rettete der Knabe sein Leben. Die Säcke mit dem Silber nahm er mit nach Hause, er war reich.

Der Stallo will weitsichtig werden

Ein Knabe hatte sich eines Tages auf irgendeine Art verirrt, wie oder wo, das weiß man nicht mehr genau, er fand sich jedenfalls im Walde nicht mehr zurecht. Er ging und ging, es wurde Nacht, der Mond stieg auf, einmal begegnete der Knabe einem Vielfraß, er fürchtete sich. Endlich kam er zu einem Erdhaus, darin wollte er die Nacht verbringen. Das Erdhaus gehörte aber einem gewissen Stallo. Dieser Stallo besaß auch viele Tiere, Kühe, Schafe, Ziegen. Das ist gewiß eine gute Nahrung, es mangelte nicht an Fleisch. Aber der Stallo machte sich nicht viel aus seinen Tieren, die hatte er nur so.

Am liebsten aß er Kinder. Wenn sich nun ein so armes Ding bis zu seiner Hütte verirrt hatte, behielt er es einige Zeit in Kost, er fütterte sie gut, bevor er sie aufaß. Genauso dachte er es auch jetzt zu machen.

Der Knabe hatte aber eine List: Er stand oft vor dem Haus und tat, als könnte er viele wunderbare Dinge auf weite Entfernung erblicken, er machte es so, als wäre er der weitsehendste Mensch der Welt. Das wollte der Stallo auch werden.
»Hör einmal zu, mein Sohn«, sagte er freundlich, »wie hast du das angefangen, daß du so weit ausschauen kannst?«
»Oh«, sagte der Knabe, »so schwer ist das gar nicht. Ich habe mir einmal heißes Fett in die Augen tropfen lassen. Davon kommt es!«
Der Stallo wollte auch weit sehen. Er sagte:
»Ich weiß nicht, wie man das macht, kannst du das nicht für mich tun? Tropf mir doch ein wenig heißes Fett in die Augen ...«
»Ganz gerne«, sagte der Knabe, »ich glaube aber nicht, daß du das aushältst. Es tut nämlich sehr weh ...«
»Ich soll das nicht aushalten?« sagte der Stallo, »ich halte alles aus!«
Nun sah es aus, als müßte der Knabe gegen seinen eigenen Willen dem Stallo heißes Fett in die Augen gießen. Er hieß den Stallo sich hinlegen, er machte etwas Fett heiß, er ließ dem Stallo das heiße Fett in die Augen tropfen. Schon beim ersten Tropfen jammerte der Stallo.
»Siehst du«, sagte der Knabe, »ich sagte dir, du hältst es nicht aus ...«

»Mach nur schnell«, sagte der Stallo, »das andere auch!«
Der Knabe tat es.
»Nun wirst du eine Weile nichts sehen, aber dann kommt die Weitsicht ...«, sagte der Knabe. Solange der Stallo blind war, sollte der Knabe den Haushalt versehen. Er nahm den fettesten Hammel des Stallo, er schlachtete ihn, er kochte sich Essen. Er nahm den alten Hund des Stallo, er schlachtete ihn, er kochte ihn für den Stallo. Am Abend aß er das Hammelfleisch, dem Stallo setzte er seinen gekochten Hund vor. Der Stallo hörte nun, wie der Knabe mit gutem Appetit sein Essen verzehrte, er selbst aber mühte sich an dem zähen Hundefleisch, seine Zähne wollten nicht durchkommen.
»Hör einmal zu, mein Sohn«, sagte er säuerlich, »koktes tun nalbme fal snajska ja mun nalbme fal stauka stauka? Wieso schmatzt dein Mund so lustig, aber der meine knurrt und knarrt wie eine schlechte Säge?«
Der Knabe erfand eine passende Antwort. Damit mußte sich der Stallo zufriedengeben. Der Stallo kam aber bald dahinter, daß ihm der Knabe einen Streich gespielt hatte, denn die Weitsicht wollte und wollte nicht kommen. Er war und blieb blind wie ein Tannenzapfen. Der Stallo wollte sich rächen, er bat deshalb eines Tages den Knaben, in den Schafstall zu gehen, er sollte die Schafe zählen.

»Das kann ich schon tun«, sagte der Knabe. »Zählen kann ich …« Er ging in den Schafstall. Der Stallo, obgleich er blind war, wußte den Eingang. Er stellte sich davor, der Knabe war gefangen.
›Haha‹, dachte der Stallo, ›jetzt habe ich dich in der Falle, da kommst du mir nicht mehr heraus …‹
Der Knabe ließ sich nicht verwirren, er wußte sich Rat. Der Stallo sagte:
»Nun laß mir ein Schaf um das andere heraus, zuletzt aber den großen Hammel …«
»Ja«, sagte der Knabe, »das soll geschehen …«
Er ließ die Schafe, eines nach dem anderen, hinaus, der Stallo stand mit gespreizten Beinen vor dem Eingang, er befühlte jedes. Unterdessen schlachtete der Knabe den Hammel, er zog ihm die Haut ab. Als endlich der Hammel an der Reihe war, schlüpfte der Knabe in seine Haut und lief durch die Beine des Stallo ins Freie. Der Stallo klopfte ihm auf den Rücken, er sagte:
»Haha, das ist ja mein lieber Hammel da!« ›Jetzt muß der Bursche heraus‹, dachte der Stallo, er rief in den Schafstall:
»Komm jetzt selber heraus, mein lieber Sohn …«
»Ich bin schon längst heraußen!« rief der Knabe. Dann lief er davon zu seinen Leuten.

Ein Stallo will Biber fangen

Ein Stallo hatte ein Netz ausgelegt, darin wollte er Biber fangen. Er ging ein kleines Stück in den Wald und zündete ein Lagerfeuer an. Er kleidete sich aus und wollte rasten. An eine Schnur hatte er eine hölzerne Schelle gebunden, die hing an einem Ast neben seinem Ohr. Die Schnur reichte bis zu dem Netz hin und war an diesem festgemacht. Wenn der Biber ins Garn geht, dann zerrt er, dann reißt er. Er versucht, das Netz zu zernagen. ›Selbst wenn ich einschlafen sollte‹, dachte der Stallo, ›muß mich die Schelle wecken.‹

Nun hatte aber ein Mann die ganzen Vorbereitungen des Stallo mit angesehen. Der Stallo war mit seiner Arbeit zufrieden und streckte sich an seinem Feuer aus. Der Mann schlich zum Netz und zog an der Schnur. Der Stallo sprang auf die Falle zu, fand aber keinen Biber darinnen. Inzwischen war der Mann ans Feuer gelaufen und warf die Kleider des Stallo hinein. Da verbrannten sie. Wie der Stallo nun zurückkommt, sah er, daß alle seine Kleider verbrannt waren und war sehr wütend über sich selbst, weil er so eilig fortgesprungen war und die Kleider so nahe am Feuer gelassen hatte. Er setzte sich wieder hin und wärmte sich. Da läutete es wieder. Er lief zur Falle hin, aber es war ebensowenig ein Biber darinnen wie zuvor. Als er zurückkam, war das Feuer ausgegangen. Jetzt fing er wie ein Hund an zu frieren. Da ging der Mond auf. »Schau, Vater, dein Sohn friert!« rief der Stallo und streckte die Hände nach dem Mond aus. Aber das half nicht viel. Er mußte erfrieren, weil er keine Kleider mehr hatte.

Kommt ihr Hündlein ...

Zwei gewisse Mädchen hatten sich mit einem Brüderpaar verheiratet, welches aus einem Stallogeschlecht war. Die eine Frau gebar ihrem Mann Kinder, die andere nicht. Nachdem nun einige Jahre vergangen waren, bekamen die zwei Brüder Lust, ihre Frauen aufzuessen. Der eine sagte zum anderen:

»Was meinst du, Bruder, wirst du bald deine verschnittene Renkuh aufessen?« Mit dieser versteckten Rede spielte er auf die kinderlose Schwägerin an. Der andere Bruder antwortete:

»Wenn du deine Renkuh mit den Kälbern aufißt, so will auch ich meine verschnittene aufessen!«

Dieses verblümte Gespräch wurde jedoch von den beiden Schwestern verstanden, und die kinderlose lief auf und davon. Die mit den Kindern blieb, denn sie brachte es nicht übers Herz, ihre Kleinen zu verlassen. Der Stallo, dessen Frau davongelaufen war, pfiff seinem Hund, nahm ein großes Messer und setzte der kinderlosen nach. Der Hund lief voran und wies die Spur. Wie die Frau nun bemerkte, daß der Mann ihr auf den Fersen war, kletterte sie in einen großen Baum. Der Hund blieb unter dem Baum stehen und schnupperte. Er fing an zu bellen, als wäre er hinter einem Eichhörnchen her. Auf diese Art war es für den Stallo nicht schwer, sie zu entdecken. Er sagte zu seinem Hund:

»Hoz, hoz, mein Hündchen, fang schön, sollst auch ein Stückchen Speck abkriegen!« Er nahm seine Axt und fing an, den Baum zu fällen. In dieser Not rief die Frau im Baum:

»Kommt, ihr Hündlein, denen Vater und Mutter niemals warme Suppe zum Lecken gegeben haben!«

Da kamen Bären, Wölfe, Luchse, Füchse und alle anderen Waldtiere. Sie zerrissen den Stallo samt seinem Hund. Es war wohl auch ein wenig Zauberei im Spiele, als damals die Frau vor den Zähnen des Stallo gerettet wurde.

Es glitzert in den Augen des Alten

Einmal war ein alter Mann, er hieß Patto Poadnje, er hatte mehrere Kinder. Es geschah, daß die Kinder plötzlich verschwanden, eines nach dem anderen, niemand konnte sagen, wohin, es war vergeblich, sie zu suchen. Endlich fiel jedoch Licht auf die Sache. Es war ein gewisser Stallo in der Umgebung, der hatte Schlingen gelegt, und zwar an einer Quelle, an der die Kinder zu spielen pflegten. Die Schlingen waren so gelegt, daß sich jeder darin verwickelte, in die Quelle rollte und ertrank. Dann holte der Stallo die Ertrunkenen heimlich aus dem Wasser, trug sie nach Hause, kochte sie und aß sie auf.

Nun dachte sich Patto Poadnje an dem Stallo zu rächen. Er nahm einen alten, verschlissenen Fellmantel, er zog ihn an, er legte sich damit in die Quelle, er tat, als wäre er in die Schlingen geraten und ertrunken. Der Stallo kam, er sah bei seinen Schlingen nach, er machte große Augen, er freute sich, er lächelte …

»Hoho«, sagte er, »nun ist mir sogar der alte Lauspelz selber in die Schlingen gekommen!« Er nahm den Patta Poadnje aus der Quelle, er warf ihn auf die Schulter, er trug ihn in sein Zelt.

Patto Poadnje spielte einen toten Mann. Der Stallo hängte ihn in das Rauchloch über das Feuer, er wollte ihn auftauen. Der Stallo ging vor sein Zelt, vor dem Zelt stand ein halbfertiger Holztrog. Der Stallo ging zu seinem halbfertigen Holztrog und fing an, daran herumzumeißeln, der Stallo ließ die Späne fliegen, der Trog sollte fertig sein, wenn der Patto Poadnje aufgetaut war. Die drei Söhne des Stallo kamen, sie sahen ihrem Vater bei der Arbeit zu. Als der Trog soweit fertig war, daß er nur mehr eine kleine Abhobelung nötig hatte, sagte der Stallo zu seinem ältesten Sohn:

»Sohn, ich habe den Hobel im Zelt gelassen, bring ihn mir heraus …«

Der Bursche ging, er suchte, er fand ihn nicht, der Patto Poadnje war vorher aus dem Rauchloch gestiegen und hatte ihn versteckt.

Der Stallo sagte zu seinem nächsten Sohn:

»Sohn, dein älterer Bruder hat den Hobel nicht finden können, sieh zu, ob du es kannst …« Der nächste Sohn ging nun hinein, fand aber ebenfalls nichts. Der Stallo sagte zu seinem jüngsten Sohn, der noch ein kleiner Knabe war:

»Ach, geh du doch nachsehen, du findest ihn gewiß eher als deine älteren Brüder!« Der Knabe ging in das Zelt, er suchte, er fand ebenfalls keinen Hobel.

Der kleine Knabe war neugierig, er konnte es nicht unterdrücken, er guckte nach dem Patto Poadnje im Rauchloch, der Patto Poadnje blinzelte ein wenig mit dem Auge. Der Knabe erschrak, er sprang schnell aus dem Zelt, er sagte:
»Pares patto calmeh gal jilladek! Es glitzert in den Augen des Alten!«
Der Stallo antwortete:
»Suddomen le de ...! Er taut eben auf!« Jetzt ging der Stallo selbst in das Zelt, er suchte den Hobel, er bückte sich. Der Patto Poadnje stand hinter der Türe, er schlug dem Stallo den Hobel ins Genick. Der Stallo fiel zu Boden, er blieb tot liegen. Die Stallosöhne liefen davon. Nun war aber die Frau des Stallo während der ganzen Zeit nicht dagewesen. An der alten Wanze wollte sich der Patto Poadnje ebenfalls rächen. Er zog dem Stallo die Kleider aus, er zog sie selbst an, er zerlegte den Stallo, er bereitete ihn zum Kochen vor. Er setzte den Kessel über das Feuer, er kochte den halben Stallo, er kochte sein Fleisch. Der Patto Poadnje wollte der Frau des Stallo den eigenen Mann auftischen. Am Abend kam die Frau zum Zelt herein. Der Patto Poadnje schöpfte Fleisch aus dem Kessel, er setzte der Frau vor. Die Frau sagte:
»Kaktes tat males njadda tego tattak eco? Wie kommt es, daß das Fleisch nach dir selbst schmeckt, Vater?«

Der Patto Poadnje antwortete:
»Ich habe mich beim Zerlegen in den kleinen Finger geschnitten, Blut ist in den Kessel getropft, davon kommt es ...«
Da war die Stallofrau beruhigt, sie glaubte, daß der verkleidete Patto Poadnje ihr Mann sei. Sie aß viel, es schmeckte ihr, sie aß ihren eigenen Mann. Der Patto Poadnje sagte:
»Gonnes mun rutta le? Wo hab ich nur mein Geld wieder hingetan?«
Die Frau wunderte sich, sie sagte:
»Weißt du das nicht mehr? Unter dem Boassjo-Sparren steckt es!«
Er fragte wieder:
»Wo aber liegt das Geld meines ältesten Sohnes?«
»Unter dem Mittelsparren!«
»Und wo liegt das Geld meines nächsten Sohnes?«
»Unter dem Türsparren!«
»Ich vergaß tatsächlich alles. Wo liegt das Geld meines jüngsten Sohnes?«
»Unter dem Hauklotz im Boassjo!«
»Wo ist dein eigenes?«
»Unter der Türschwelle!«
Der Patto Poadnje zog die Kleider vom Leib, er zeigte der alten Wanze, wer er war. Die alte Wanze sprang flink nach ihrem eisernen Saugrohr, der Patto Poadnje hatte aber das Eisenrohr ins Feuer gesteckt.

»Da schau hin«, sagte der Patto Poadnje, »dort liegt es, im Feuer ...«
Die Stallofrau, die Blutsaugerin, die Wanze, sie gab das Eisenrohr an ihren Mund, sie saugte, sie zog durch die Lippen, sie zog durch die Zähne, sie zog nur Glut und Asche in ihren Magen, sie verbrannte sich die Eingeweide, sie sog ihren eigenen Tod ein, und nicht das Blut des Patto Poadnje.

Ein Fischer kämpft mit dem Stallo

Ein Fischer warf jeden Tag sein Netz in einem See aus, der See war sehr weit von dem Ort entfernt, wo der Fischer sein Zelt hatte, er fand eines Morgens einen großen Stein in seinem Boot. Der Mann wußte sofort, daß es nur der Stallo getan haben konnte, der wollte vorerst einmal seine Stärke ausprobieren. Der Stallo macht es immer so, wenn er vorhat, mit jemandem anzubinden.
Der Mann wurde über diesen Streich sehr zornig, er verfluchte den Stallo, er wußte, daß er irgendwo in der Nähe lauerte, er hob den Stein aus dem Boot, er warf ihn weit fort, er rief laut:

»Verdammter Stallo du, wärest du jetzt hier, ich würde dir mit diesem Stein den Schädel einschlagen!« Er tat so, als hätte er nicht die geringste Furcht vor dem Stallo. Am nächsten Tag fand er einen neuen Stein im Boot, der Stein war diesmal größer als der vorige. Der Mann hob den Stein mit der gleichen Drohung aus dem Boot und warf ihn weit fort. Am dritten Tag hatte der Stallo einen so großen Stein in das Boot gelegt, daß dem Mann fast die Armsehnen rissen, als er ihn heraushob. Er warf ihn mit viel Mühe auf den Boden, nun schwieg der Mann, er wußte, es ging um Leben oder Tod, er schwieg, er wollte den Stallo nicht mehr reizen.

Der Mann hatte seine Netze eingezogen, er kam an den Anlegeplatz seines Bootes, er wollte mit dem Fang nach Hause gehen. Da stand der Stallo am Anlegeplatz, er forderte den Mann zum Zweikampf. Als der Mann merkte, daß er es mit seinem Gegner nicht aufnehmen könne, fing er an, seinem Steingott Gelübde zu machen, er versprach ihm allerlei. Was nun aber der Mann dem steinernen Gott versprach, versprach diesem auch der Stallo, dadurch kam dem Mann kein Vorteil zugute. Schließlich versprach der Stallo dem Steingott den Kopf des Mannes, wenn er siegen würde. Der Mann fiel in die Knie.

Der Stallo war ein kluger Mann, er versprach dem steinernen Gott nicht den ganzen Mann, denn er

wollte den Rest aufessen. Der Mann war aber noch klüger, er sprang auf und versprach dem Steingott nicht nur den Kopf seines Gegners, sondern den ganzen Körper und als Draufgabe sogar dessen Axt dazu. Dieses Gelübde war sein Vorteil, der Stallo verlor den Zweikampf, er fiel tot um, er lag tot am Boden. Der Mann nahm die Axt des Stallo, er schlug ihm den Kopf ab, er wollte den Kopf, Körper und Axt zu seinem steinernen Gott bringen. Er blieb lange aus, der Steingott war an einem sehr fernen Ort, er mußte lange mit dem toten Stallo reisen.
Er kam an den Ort, er erfüllte sein Versprechen, er ging wieder nach Hause. Es war niemand mehr da, die Zelte waren abgebrochen. Seine Leute waren fortgezogen in eine andere Gegend. Sie dachten, er wäre im Kampf gegen den Stallo unterlegen, sie glaubten ihn tot. So lange war der Mann ausgeblieben, um seinem Steingott das versprochene Opfer zu bringen.

Du wirst gleich nach den Feiertagen umziehen

Es war einmal um Weihnachten, die Leute waren alle zur Kirche gefahren, nur das Gesinde und die Kinder hatten sie bei den Zelten gelassen. Es war auch noch eine alte Frau da, sie hatte ein Kind und einen Hund. Der erste Weihnachtstag kam, die Kinder begannen fürchterlich zu lärmen, sie klapperten mit Schellen, hackten Holz und sangen Zauberlieder, einige spielten Heiraten, andere Gesinde und Kinder, sie fingen einen Hund und schlachteten ihn als Ren. Die alte Frau verbat ihnen das. Sie sagte: »Lärmt nicht, sonst kommt ein Zauber über euch!«

Das nützte nichts. Die alte Frau band ihr Kind und ihren Hund an. Sie ging hinaus und verjagte die Kinder, sie ließ sie nicht lärmen. Als die Kinder

endlich schlafen gegangen waren, kam der Stallo. Der Stallo war als Mond verkleidet. Die alte Frau bekam große Angst und versteckte die Kinder. Einige versteckte sie unter den Schneeschuhen, einige hinter den Kesseln, einige in den Hundehütten. Sie selbst nahm ihr Kind und lief in den Wald. Der Stallo ging in das Zelt und setzte sich an die Feuerstelle. Der als Mond verkleidete Stallo setzte sich ganz langsam, ganz langsam an die Feuerstelle: Zuerst senkte er sich auf den Weihnachtszweig, dann auf die Enden der Zeltsparren, dann auf die Biegung der Zeltsparren, dann auf den Querbalken, langsam, langsam, bis an die Feuerstelle. Er machte ein großes Feuer, setzte Wasser in einem Kessel auf. Er gab die Kinder in den Kessel und kochte sie. Mitten in der Nacht sah die alte Frau den Feuerschein. Sie dachte, daß die Kirchgänger schon nach Hause gekommen wären, denn sie sah das Feuer bis in den Wald. Sie ging zu den Zelten und guckte durch einen Spalt hinein. Sie erschrak, sie sah den Stallo im Zelt hocken. Der Stallo fragte:
»Wo willst du denn hin?«
Die alte Frau antwortete:
»Ich habe bloß einen Sprung gemacht, um mir Feuer zu holen!«
Der Stallo, der eben mit dem Kochen der Kinder zu tun hatte, sagte zu der alten Frau heraus:
»Wozu brauchst du ein Feuer?«

Die alte Frau sagte:
»Ich will einheizen ...«
Der Stallo sagte:
»Du wirst gleich nach den Feiertagen umziehen!«
Da ging die alte Frau zu ihren Rentieren, sie nahm die beste verschnittene Kuh, die ihr Mann besaß, sie fuhr mit dem Kind zu dem Ort, wo die Kirche war. Der Stallo verfolgte sie als Mond verkleidet, er setzte sich in einen Baum, unter dem sie vorbeifahren mußte. Die alte Frau hatte sich eine Kapuze aus Renhaut auf den Kopf gesetzt. Der Stallo griff nach der alten Frau, als sie unter dem Baum vorbeifuhr. Er erwischte nur die Kapuze, er behielt sie in der Hand. Die alte Frau fuhr weiter, sie fuhr bis an den Ort, wo die Kirchgänger waren. Sie kam an dem Ort an, das Rentier fiel tot um, es wurde zu Stein. Die alte Frau fiel um und wußte eine Weile nichts von sich. Sie erwachte, sie ging zu den Eltern der Kinder, sie erzählte, was sich daheim zugetragen hatte. Sie ging zu den Herden auf der Weide, sie ging zu den Zelten zurück. Sie riß ihr Zelt nieder, band es zusammen und spannte die Herde davor, sie fuhr darauf fort. Die Eltern wollten nicht glauben, was die alte Frau erzählt hatte, sie fuhren zu ihren Zelten. Der Stallo lauerte ihnen auf dem Weg auf. Er tötete sie, sie wurden zu Stein. Niemand aus der ganzen Sippe kam davon. Nur die alte Frau und ihr kleines Kind blieben am Leben.

Ich habe da drinnen zu tun

Es war einmal ein gewisses Mädchen. Sie wollte nicht heiraten, sie sagte:
»Wenn ich einen Mann bekomme, der einen grünen Bart hat, dann werde ich ihn heiraten ...«
Es verging eine gewisse Zeit, es kam ein Mann, der hatte einen grünen Bart. Er sagte:
»Jetzt mußt du dafür einstehen, was du gesagt hast. Du wolltest nur einen zum Mann nehmen, der einen grünen Bart hat. Der Mann bin ich, wie du sehen kannst ...«
»Ja!« sagte sie. Sie kleidete sich an und folgte ihm vor das Zelt. Es war ein Schlitten da und zwei verschnittene Renkühe. Sie fuhren eine Weile, sie kamen vor ein Erdhaus, der Mond war aufgegangen und leuchtete hell. Der Mann stieg ab, er ging in das Erdhaus. Er sagte zu dem Mädchen:

»Bleib einstweilen im Schlitten, ich habe da drinnen zu tun ...«
Sie blieb im Schlitten, sie wartete. Er blieb eine Weile in dem Erdhaus, er kam wieder heraus und sagte:
»Die Toten fahren, der Mond leuchtet ... hast du keine Angst, Kajsa?« Er griff mit seinen Fingern nach ihr.
»Nein«, sagte sie, »ich hab keine Angst!« Sie fuhren eine Weile weiter, sie kamen vor ein Erdhaus, der Mond leuchtete hell. Der Mann stieg ab, er ging in das Erdhaus. Er sagte zu dem Mädchen:
»Bleib einstweilen im Schlitten, ich habe drinnen zu tun ...«
Sie blieb im Schlitten, sie wartete. Er blieb eine Weile in dem Erdhaus, er kam wieder heraus und sagte:
»Die Toten fahren, der Mond leuchtet ... hast du keine Angst, Kajsa?«
»Nein«, sagte sie, »ich habe keine Angst.« Sie fuhren eine Weile weiter, sie kamen vor ein Erdhaus, der Mond leuchtete hell. Der Mann stieg ab, er ging in das Erdhaus. Er sagte zu dem Mädchen:
»Bleib einstweilen im Schlitten, ich habe da drinnen zu tun ...«
Sie blieb im Schlitten, sie wartete. Er kam lange nicht aus dem Erdhaus, sie stieg vom Schlitten und ging zu dem Erdhaus. Sie sah durch das Rauchloch

in das Innere. Der Mann stand darinnen und zog einem Toten wie einem Fuchs die Haut vom Leibe, er zog ihm die Haut ab. Der Mann kam aus dem Erdhaus, er sagte zu ihr:
»Die Toten fahren, der Mond leuchtet … hast du noch immer keine Angst, Kajsa?« »Nein«, sagte sie, »ich habe keine Angst, aber was wirst du mit der Haut anfangen, die du da drinnen in dem Erdhaus dem Menschen abgezogen hast?«
»Ja«, sagte der Mann, »die steht mir gut, die ziehe ich wie ein Hemd über. Manche Leute werden dann behaupten, es sei der Tote selber, der da jetzt umgeht, andere wieder werden darauf schwören, daß alles ein Betrug sei …«
»Und welchen Nutzen hast du davon?« fragte das Mädchen. Der Mann lachte, er hielt den Schlitten an, er sagte:
»Es macht mir eben Spaß …«
Da bekam das Mädchen Angst. Der Mann griff nach ihr, er zog sie an sich, er drehte ihr den Hals um, er aß sie auf und fuhr weiter.
Hat jemand schon jemals gehört, daß der Stallo einen grünen Bart trägt? Eher wird es einer von den Unterirdischen gewesen sein!

Ein Fuchs ist vor der Türe

Es waren ein Mann und eine Frau, die hatten keine Söhne, sie hatten aber eine Tochter. Dieses Mädchen hieß Laeibe, was Erlenbaum bedeutet. Sie sagte, sie wolle niemals heiraten, sie sagte, daß sie niemals einen gewöhnlichen Mann heiraten wolle, ein Noaide müßte es sein, ein Zauberer, dann vielleicht.

In dieser Gegend gab es aber keine Noaiden mehr, die Menschen waren Christen geworden, sie hatten sich taufen lassen. Schon ihre Eltern und Voreltern waren getauft worden.

Es war in einem gewissen Winter um die Weihnachtszeit, die Eltern des Mädchens machten einen Schlitten fertig, sie spannten die zwei schnellsten Renkühe vor den Schlitten. Der Vater sagte zu dem Mädchen: »'s ist Weihnachten, Tochter, willst du nicht mit mir und deiner Mutter zur Kirche fahren?« Das Mädchen wollte nicht mitkommen, sie hatte wahrscheinlich anderes vor, sie stellte sich krank. Sie sagte: »Mein Magen tut mir weh, ich habe schlechtes Fleisch gegessen, ich bin krank ...!«

Der Mann und die Frau ließen ihre Tochter ganz allein im Zelt zurück, sie fuhren ohne die Tochter zur Kirche, sie wollten gewiß nicht mit einer kranken Tochter unter die Leute gehen …
Die Tochter kochte Kaffee, sie tat Zucker in den Kaffee, sie trank viel Kaffee, sie faulenzte, sie lag im Zelt, es waren viele Zeitungen da, sie sah Bilder an und trank Kaffee. Nach einer gewissen Zeit hörte sie vor dem Zelt die Stimme eines Fuchses, er war vor der Türe, er war ganz nah … Sie dachte, es wäre gut, einen Fuchspelz zu haben, sie wollte diesen Fuchs einfangen und ihm das Fell abziehen. Sie ließ die Bilder, sie stand auf, sie schlich an die Türe. Der Fuchs schrie wieder, er war an der Schwelle. Das Mädchen sprang hinaus, sie griff einem sehr großen Bären in den Pelz. Da hatte sie es.
Der Bär sagte: »Guten Tag, ich habe mich in dieser Gegend, die ich noch nicht kenne, verirrt, ich suche nach Leuten, die ich noch nicht kenne, um mich an ihrem Feuer zu wärmen …«
Das Mädchen sagte: »Wieso hast du aber vorher mit einer Fuchsstimme gerufen, du bist doch ein Bär?«
»Ja«, sagte der Bär, »ich bin ein Bär«, dabei drängte er das Mädchen in das Innere des Zeltes, »aber es ist so: Ich kann mich in allerhand Gestalten sehen lassen, wenn ich will. Die Fuchsgestalt

wählte ich, weil ich dadurch schneller zu dir herkommen konnte, der Fuchs ist schneller als der Bär, nun bin ich jedoch ein Bär geworden, damit du mir nicht das Fell abziehen kannst.Das wolltest du doch wohl?«
»Ja«, sagte das Mädchen, »das hatte ich vor. Ich sah auf diesen Bildern eine Frau, die einen Fuchs um den Hals hat ...«
»Jeder Pelz ist seinen Träger wert«, sagte der Bär. Er richtete sich auf, er ging ganz nahe an das Mädchen heran, er drängte sie bis in die Boasso zurück, er drängte sie bis in den rückwärtigen Teil des Zeltes, dem Mädchen gefiel es, daß der Bär wie ein Mensch tat, er setzte sich wie ein Mensch nieder, er sah das Mädchen mit seinen Augen an.
Das Mädchen sagte:
»Nein, ich glaube dir nicht, daß du dich in Gestalten verwandeln kannst. Ich glaube, daß du nur ein gewöhnlicher Bär bist, denn verwandeln kann sich nur der Stallo oder der Noaide.«
»Ich bin ein Noaide«, sagte der Bär, »schau nur:« Der Bär langte mit seiner linken Tatze in den Rachen, er steckte die Tatze tief in den Rachen, er steckte sie durch seine Eingeweide bis an den After, er wendete seinen Leib wie einen Handschuh, er stülpte sich um.
»Siehst du nun, daß ich ein Noaide bin?« sagte der Bär.

Das Mädchen sah, daß der Bär ein nackter Mann geworden war.
Nur die Hinterfüße eines Bären hatte er noch an sich, das war das Erstaunliche.
So stand er da und sagte:
»Gib mir Kleider von deinem Vater, ich bin nackt.«
Das Mädchen ging Kleider holen, sie gab dem Mann von den Kleidern ihres Vaters. Der Mann legte sie an, er sah in einen kleinen Spiegel, er legte sie wieder ab. Er sagte:
»Dein Vater hat schlechte Kleider, das Kleid, das ich brauche, muß besser sein …«
»Es sind keine besseren da, es ist Weihnachten, und da hat mein Vater die besten angelegt, als er zur Kirche fuhr …«
»So«, sagte der Zauberer, »ist also dein Vater zur Kirche gefahren und hat sein bestes Kleid angelegt. Nun, so will ich eben sein allerbestes anlegen …«
Er nahm dem Mädchen die Kleider weg, er zog sie bis auf die Haut aus.
Er zog ihr die Haut mit bloßen Händen vom Körper. Er tötete das Mädchen und legte ihre Haut als Kleid an.
Es war eine sehr kalte Nacht …
Der Zauberer nahm das Mädchen, er wollte ihr Fleisch vor das Zelt stellen, er verwandelte sie in eine geschundene Renkuh.

Auf allen Vieren stellte er sie in den Schnee und ließ sie einfrieren. Dann ging er fort und suchte eine andere Gegend auf.

Liebe Kinder, laßt nur kein Blut danebenrinnen!

Es lebte ein Stallomann mit seiner Stallofrau. Sie hatten zwei Kinder, einen Sohn, eine Tochter. Da kam eine Hungersnot. Der Stallo und seine Frau wollten eines der Kinder aufessen. Sie kamen nicht übereins, welches von beiden sie schlachten sollten. Der Stallo wollte seinen Sohn schonen, die Frau ihre Tochter. Der Mann sagte zu seiner Frau:
»Im mon jucksa guoddejam …«, »Ich lasse meinen Bogenträger nicht im Stich.« Die Frau sagte zu ihrem Mann: »Im mon snaldo badnjejam…«, »Ich werfe meine Spindel nicht weg.« Dieses Gespräch hörte die Tochter und verstand seine heimliche Bedeutung. Zum Schluß hörte sie, wie die Mutter dem Vater nachgab. Da lief sie davon. Sie kam zu einer Hütte. Die Menschen fragten sie, wer sie sei und von wo sie käme. Sie erzählte alles. Sie sagte:
»Wollt ihr so lieb sein und mich als Wasserträgerin aufnehmen?«
Die Stallotochter blieb bei den Menschen, und als sie erwachsen war, heiratete sie den Sohn des

Hauses. Nachdem das Paar einige Jahre zusammen gelebt hatte, bekam der Mann Lust, seine Schwiegereltern aufzusuchen. Er wollte probieren, ob er nicht eine Mitgift herauskriegen könnte. Die Frau warnte ihn vor einem solchen Besuch.

Sie sagte:

»Wenn du dorthin gehst, wirst du ganz gewiß aufgegessen!«

Der Mann konnte aber nicht glauben, daß der Appetit nach Menschenfleisch bei den alten Stallos so groß sein könnte.

Er sagte zu seiner Frau:

»Ich habe genug Rentiere, ich will ihnen ein Schlachtren mitbringen, so brauchen sie uns während des Aufenthaltes nicht aufzuessen ...«

»Ach«, sagte die Frau, »du wirst noch sehen, wie das alles ausgeht!«

Sie fuhren mit Haus und Herde an den Ort, wo der alte Stallo mit seiner Frau wohnte. Sie hatten auch ihr Wickelkind mitgenommen, einen kleinen Knaben. Als sie nun zum Stallo kamen, wurden sie ganz freundlich aufgenommen. Der Mann gab seinem Schwiegervater sofort das Schlachtren. Es war kein Mangel an Frischfleisch. Die Stallomutter zeigte sich über den Besuch ebenfalls erfreut. Sie nahm den Knaben, küßte ihn und sagte zur Tochter:

»Liebe Tochter, laß mich mein Enkelkind ein wenig herumtragen, während ihr euer Zelt aufstellt.« Die

Mutter war über diesen Vorschlag nicht besonders erfreut, mußte ihn aber zulassen. Die alte Blutsaugerin ging mit dem Kind in ihre Hütte, drehte ihm den Hals um und fing an, von seinem Fleisch zu essen. Ein jüngerer Sohn des Stallo, der diesem erst nach der Flucht der Tochter geboren worden war, stand dabei und sagte:
»Ninnes, ninnes, vadde munjen njepucen calmacest … Liebe Mutter, gib mir auch ein wenig vom Äuglein meines Schwesterkinds!«
Die Alte antwortete:
»Warte nur bis morgen, dann kannst du an dem Brüstchen deiner eigenen Schwester knabbern …«
Die Tochter stand vor der Türe und lauschte. Sie stieß ihren Mann an und sagte:
»Glaubst du mir nun? Jetzt ißt sie unser Kind auf, und morgen sind wir an der Reihe!« Sie konnten im Augenblick nichts tun, sie mußten abwarten. Sie bauten ihr Zelt fertig, und dann kam der alte Stallo mit seinem ältesten Sohn. Sie gingen ins Zelt. Sie sprachen über allerlei Dinge. Der Stallo fragte seinen Schwiegersohn ganz freundlich:
»Kasses le tu kassamus naker? Wann schläfst du am süßesten?«
Der Mann lachte und tat, als verstünde er nicht die heimliche Bedeutung dieser Frage. Er sagte ruhig:
»Wenn das Morgenrot aufsteigt, schlafe ich am süßesten!«

Darauf fragte er den Stallo:
»Und wann schläfst du selbst am süßesten?« Der Stallo sagte:
»Kask ija pali ...«, »Um Mitternacht!« Nachdem der alte Stallo und sein Schwiegersohn ausgeplaudert hatten, legten sich alle schlafen. Der Stallo ging zu seiner Frau zurück, die Jungen blieben allein in ihrem eigenen Zelt. Um Mitternacht aber standen beide auf und flüchteten in aller Stille den Weg, den sie gekommen waren, zurück. Der Mann zog mit der Herde voraus, die Frau blieb ein Stück vor der Stallohütte mit dem Schlitten stehen. Sie wollte abwarten und sehen, was ums Morgenrot geschehen würde. Sie wartete hinter einer großen Tanne. Das Morgenrot ging auf, und der alte Stallo kam mit seinem ältesten Sohn aus der Hütte. Beide trugen einen Spieß. Sie gingen zu dem leeren Zelt, sie stachen durch die Felle nach der Stelle, an der sie die Schlafenden vermuteten.
Der Sohn sagte:
»Ta le maga cakkai, ta le obba cokkai! Das ging dem Schwager durchs Herz, das ging der Schwester durchs Herz!« Die alte Blutsaugerin kam mit einem Trog herbeigelaufen. Sie sagte:
»Liebe Kinder, laßt nur kein Blut daneben rinnen!« Die Frau wollte Würste aus dem Blut machen. Die Tochter, die hinter der Tanne im Schlitten saß, rief:
»Hier ist das Herz der Schwester!«

Da sagte der alte Stallo: »Das hätte ich mir auch denken können ...«
Die Stallotochter fuhr mit dem Schlitten davon. Der Stallo und seine Frau liefen hinterher. Als der Stallo merkte, daß sie den Schlitten nie einholen würden, rief er:
»Wart, mein Kind, ich will dir einen Reichtum als Mitgift in den Schlitten legen!«
Die Tochter hielt den Schlitten an, der Stallo legte seine Finger an den Schlittenrand, die Tochter schlug ihm mit der Axt die Finger ab. Sie fielen in den Schnee. Die Tochter fuhr weiter. Der Stallo hatte keine Finger mehr. Er zeigte die verstümmelten Hände seiner Frau, die angelaufen kam. Er sagte: »Mutter, Mutter, schau her!«
»Das hätte ich mir auch denken können ...« sagte die alte Blutsaugerin, »du wirst nie mit ihr fertig. Laß mich probieren!«
Sie lief dem Schlitten nach und rief:
»Wart, mein Kind, ich will dir einen Reichtum als Mitgift in den Schlitten legen!« Die Tochter hielt den Schlitten an, die Alte legte ihre Finger an den Schlittenrand. Die Tochter schlug ihr mit der Axt die Finger ab. Sie fielen samt dem Reichtum in den Schlitten. Die Tochter fuhr den Spuren der Herde nach. Sie hörte noch lange die Mutter rufen:
»Caske tuona haeppo, mo kadsa kaskosid! Wirf mir wenigstens die Finger zurück, du Höllenhure!«

Beim Beerensuchen

Zwei Mädchen haben sich beim Beerensuchen verirrt, es ist Nacht geworden, Mondlicht aber. Das ist, versteht sich, gut, denn so können sie einander sehen. Wenn man im Dunkeln ist und vom anderen nichts hört als die Stimme, wäre es möglich, daß man denkt: ›Vielleicht hat irgendein Zauberer oder Menschenfresser den Begleiter aufgegessen und die Stimme seiner Speise angenommen, um mich irrezuführen.‹ Ungeheuer machen gern solche Späße. So gehen also die beiden Mädchen über einen langgestreckten Bergrücken, eine Gegend, die sie noch nie betreten haben, und kommen endlich vor ein Erdhaus. Sagt das eine Mädchen, es wolle hineingehen, das andere aber warnt sie:
»Ich habe ein schlechtes Gefühl, geh da lieber nicht hinein, es möchte dir etwas geschehen …«

Das erste Mädchen lacht:
»Warum ein schlechtes Gefühl? Dieses Haus ist wie alle anderen. Ich glaube sogar, daß es unbewohnt ist. Siehst du nicht, wie verlassen es aussieht?«
Um das Haus, heißt es, seien Tierhäute gehangen, allerhand Pelztiere, Zobel, Hermelin und Eichhörnchenbalge, aber die seien alle arg verwittert gewesen, von vielen Sommern und Wintern hergenommen, man konnte meinen, die Hausbesitzer wären gestorben oder in eine andre Gegend gezogen. Aber warum hingen dann die Bälge da?
Nun geht das Mädchen wirklich in das Haus hinein und kommt lange nicht mehr heraus. Da wird das zweite Mädchen unruhig. Sie schaut durch einen Spalt in das Innere des Hauses und sieht etwas Schreckliches: Im Inneren des Hauses steht eine große, nackte, schöne, aber schon etwas ältere Frau, die hat ihre Kleider abgelegt, eine Karbidlampe brennt hell. Neben ihr aber, am Boden, liegt das Fleisch des ersten Mädchens. Die Frau hat sie getötet und ihr die Haut abgezogen. Nun zieht sie die Haut selber an. Sie näht sich am Bauch vorn zu, die Haut sitzt wie ein seidenes Hend fest um den Leib. Die Frau legt wieder die ausgezogenen Kleider an, feine rote Kleider, und kommt aus dem Haus. Da sagt die Wartende:
»Von wo hast du diese schönen, neuen Kleider her, Schwester?«

Die Frau antwortet:
»In dem Haus da drinnen war ein junger Mann. Ich habe eine Weile mit ihm etwas getan, dafür gab er mir die Kleider. Gefallen sie dir?«
Die Wartende sagt:
»Ja, sie gefallen mir sehr, aber weshalb bist du mit einem Male so schlank und groß, Schwester?«
Die Frau antwortet:
»Der junge Mann da drinnen hat mich an Armen und Beinen so gezogen und gedreht, deshalb bin ich so groß und schlank geworden, gefalle ich dir?« Die Wartende sagt:
»Ja, du gefällst mir sehr, viel besser als vorher. Natürlich ist es gut, wenn man groß und schlank wird, ein neues, rotes Kleid bekommt und außerdem noch mit einem jungen Mann eine Weile etwas tut. Aber nun wirst du ein Kind bekommen, Schwester. Deine Familie wird in Schande kommen, weil du keinen Vater dazu hast, sie werden dich von zuhause fortjagen. Das ist schlimm.«
Die Frau antwortet:
»Das ist gar nicht so schlimm, wie du es dir vorstellst …«
Sagt die Wartende: »Ist es das nicht?«
»Nein«, sagt die Frau, »der junge Mann in dem Erdhaus da ist ein Zauberer, er hat mir eine Zauberei beigebracht …«
»Wie ist diese Zauberei?« fragt die Wartende.

Die Frau antwortet:
»Ich habe eine feine Naht am Bauch, die merkte ich früher gar nicht, aber der junge Mann hat sie mir gezeigt. Bekomme ich ein Kind, so mache ich eben diese feine Naht vorsichtig auf, nehme das Kind, sobald ich es einen Monat getragen habe, heraus und werfe es fort.«
Da sagt die Wartende:
»Das glaube ich dir nicht, Schwesterl«
Die Frau öffnete ihr Kleid, zeigt der Wartenden den Bauch, und wirklich, eine feine Naht läuft von ganz unten hinauf zum Nabel …
»Siehst du die Naht?« sagt die Frau.
»Ich sehe sie schon …« sagt die Wartende.
Die Frau macht jetzt die Naht auf, die Wartende sieht darunter die Haut einer älteren Frau. Sie weiß natürlich schon, daß es so kommen müsse, denn sie hat ja schon den ganzen Zauber durch den Spalt beobachtet. Sie sagt:
»Wie kommt es aber, Schwester, daß unter deinem glatten, jungen Bauch ein zweiter, älterer zu sehen ist?«
Da wird die Frau zornig. Sie sagt:
»Deine Augen sind, wie ich merke, nicht durch das Mondlicht so scharf, Schwester. Ich glaube eher, du hast durch einen Spalt in das Haus geguckt und alles mitangesehenl«
»Ja, du Hexe, das habe ich!«

»Dann sei froh«, sagt die Frau mit der neuen Haut, »daß ich heute keine zweite neue Haut mehr brauche. Diese da genügt mir für die nächsten vierzehn Tage. So lange werde ich jetzt ganz jung bleiben.« Sie soll mit dem Fuß auf den Boden gestampft haben, worauf eine Renkuh mit zwei Köpfen aus der Erde gekommen sei. Darauf setzt sich also das verjüngte Ungeheuer und reitet in eine andere Gegend.

Auf Eichhörnchenfang

Einmal war ein alter Mann auf Eichhörnchenfang, er wollte sich aus den Fellen einen Mantel für den Winter machen, es war im Herbst, es wurde sehr früh dunkel, der alte Mann ging im Wald irr, er kam in eine Gegend des Waldes, die er nicht mehr kannte. Er fand nicht mehr nach Hause. Endlich erreichte er eine Hütte, die auf einer Lichtung stand, er ging hinein, niemand war da.

Er wollte die Nacht über hierbleiben. Er machte ein Feuer an, zog eines der getöteten Eichhörnchen ab, er fing an, das Eichhörnchen in einem kleinen Kessel, den er immer bei sich trug, zu kochen. Der alte Mann war hungrig, er freute sich auf sein Essen. Plötzlich trat eine Zauberfrau in die Stube, sie fragte:

»Mi du namma lä? Wie heißt du denn?«

»Jes!« sagte der alte Mann, »ich selbst ...«, nahm dabei aber eine Schöpfkelle voll heißer Suppe, die goß er der Zauberfrau ins Gesicht. Die Zauberfrau begann jämmerlich zu schreien, man hörte ihr Geschrei sieben Hügel weit. In einem der Hügel wohnten die Schwestern und Freundinnen der Zauberfrau, sie riefen aus einem Erdloch, viele Stimmen riefen:

»Wer hat dich verbrannt, oabba?«

»Jes, jes«, klagte die Zauberfrau ...

»Wenn du dich selbst verbrannt hast, dann ist es deine eigene Schuld!«

Auf diese Art blieb der alte Eichhörnchenjäger vor den Nachstellungen der Zauberfrau verschont. Die Zauberfrau ging hinaus, sie hielt die Hand vor das verbrannte Gesicht, sie sagte durch die Zähne, durch die Finger:

»Selbst hat mich gekannt, hat mich verbrannt und muß dafür ein ganzes Jahr hergeben ...«

Der alte Mann hörte es nicht oder kümmerte sich nicht darum, er kochte das Eichhörnchenfleisch fertig, er nahm seine Mahlzeit, er aß. Dann legte er sich hin, er wollte eine Weile schlafen. Als er am nächsten Morgen munter wurde, da hatte er einen frischen Hunger, er wollte den Rest vom Eichhörnchenfleisch aufessen, er ging zum Kessel, er sah hinein. Der Kessel war ausgetrocknet, er war voll Schimmel ... Er sah nach seinen erbeuteten Eichhörnchen, die er neben der Feuerstelle aufgehängt hatte, sie waren verfault – nur Knochen hingen noch dort, es waren keine Felle mehr um sie – nur Spinnweben! Der alte Mann wunderte sich, er begriff nicht. Er ging aus dem Wald zu seinen Leuten. Seine Leute wunderten sich, sie begriffen nicht. Der alte Mann hatte ein ganzes Jahr geschlafen.

Mein Mann riecht dich

Es verirrte sich einmal ein Mädchen beim Beerensuchen, es kam immer tiefer in den Wald, sie kannte sich nicht mehr aus, sie gelangte an den Ort, wo der Baednag-Njudne, der Mann mit der Hundeschnauze, in einer Erdhütte hauste. Nun war er aber gerade nicht daheim, er war fortgegangen, wahrscheinlich war er hungrig, es war nur seine Frau in der Hütte. Das Mädchen war schwach und müde. Es dachte: ›Wenn ich jetzt heraußen bleibe, so werde ich umfallen, die Waldtiere werden kommen, sie werden mich auffressen ...‹ Es ging daher in die Hütte zu der Frau, es wußte sicher nicht, daß es zu dem Baednag-Njudne geraten war. Die Frau des Baednag-Njudne gab dem Mädchen warme Milch zu trinken. Das Mädchen fragte, ob es über Nacht bleiben dürfe. Die Frau des Baednag-Njudne sagte:

»Mein Mann ist der Baednag-Njudne! Wenn er dich hier findet, so tötet er dich, kocht dich im Kessel und ißt dich auf ...«

Die Frau des Baednag-Njudne hatte Mitleid mit dem verirrten Mädchen, sie nahm es bei der Hand, führte es hinter das Haus, sie versteckte es in einem großen Heuhaufen.
Als nun der Baednag-Njudne nach Hause kam, fing er an zu schnuppern, er witterte Menschenfleisch, er ging umher und sagte zu seine Frau:
»Gae, Gae! Hier riecht es nach Leuten ...«
Die Frau sagte allerhand, sie versuchte, ihren Mann von seinem Verdacht abzubringen, es war nicht möglich, der Baednag-Njudne hatte eine zu gute Nase. Die Frau ging unter einem Vorwand zu dem Heuhaufen, sie sagte zu dem Mädchen:
»Mein Mann riecht dich, komm schnell heraus und lauf davon!«
Das Mädchen kroch aus dem Heuhaufen, es lief schnell davon. Der Baednag-Njudne ging in der Hütte umher, er schnupperte, er witterte plötzlich kein Menschenfleisch mehr. Er ging hinaus, es dauerte nicht lange, da roch er die Spur, er folgte dem Mädchen. Als das Mädchen merkte, daß der Baednag-Njudne wieder hinter ihm her war, erschrak es, es lief noch schneller, es kam zu einer Brücke, es sprang unter die Brücke und versteckte sich im Wasser. So verlor der Baednag-Njudne die Spur und so war das Mädchen gerettet. Der Baednag-Njudne hat nur ein einziges Auge, das er in der Mitte seiner Stirne trägt.

Der Federbalg kommt vom Baum

Viele Tschuden, das sind die Feinde, hatte einmal ein gewisser Mann durch List ums Leben gebracht. Aber es gab immer noch einige, die waren ihm entkommen. Nun wußten diese, wie er aussah, das war schlimm, sie trachteten, ihn zu erwischen, sie wollten ihn umbringen. Nun saß der Mann eines Tages auf einer Föhre, er hatte dort seinen Njall, seinen Speicher. Pfeil und Bogen hatte er unten gelassen. Er dachte an nichts Böses. Da kamen die Tschuden vorbei, einer hinter dem anderen. Der letzte

Tschude bemerkte den Mann in seinem Baumspeicher, er rief: »Haben wir dich endlich? Dieses Mal schlüpfst du uns nicht mehr durch die Finger!«
Der Mann in der Föhre hörte das, er faßte einen großen, abgehaarten Balg voll Daunenfedern, er ließ ihn zu den Tschuden hinunterfallen.
Die Tschuden warfen sich in ihrer Mordgier über den Federbalg, sie zerschlugen ihn mit ihren Säbeln; zuletzt sagte einer:
»Dast i lä idnig jiäg, jamas dot li gocom! Kein Leben ist mehr in ihm, es hat ihn schon zerrissen, als er auf die Erde fiel ...«
Die Tschuden gingen weiter. Nun kletterte der Mann aus der Föhre, er nahm Bogen und Pfeile, er lief den Tschuden nach, er rief:
»Däben li almai, älled spalca cuago, mut cuäggod alma! Hier ist der Mann! Zerstecht nicht meinen Federbalg, ihr Tschuden, zerstecht den Mann ...«
Er schoß einen Tschuden um den anderen tot.
Weil er aber zu wenig Pfeile hatte, sprang er von Leiche zu Leiche, zog Pfeil um Pfeil heraus, und so schoß er, bis nur ein einziger noch am Leben war. Dieser aber hatte sich durch Zauberei gegen Pfeile fest gemacht, es vermochte ihn kein Pfeil zu berühren. Der Mann nahm daher einen Pfeil, an dem ein Eistaucherschnabel befestigt war, damit schoß er. Er traf. Der Pfeil ging durch den Rücken, er kam vorn an der Brust wieder heraus. Ein Eistaucher-

schnabel kam aus der Brust des Tschuden. Der Tschude zog den Pfeil aus der Wunde, er sah die Spitze, er warf den Pfeil weg und schrie:
»Hoi, hoi, gekräs hjunnä! Au, au, ein Eistaucherschnabel!« Dann starb er …

Hol Fleisch für die Reisenden ...

Ein Mann lebte mit seiner Frau, er bekam von ihr einen Sohn, er bekam einen zweiten, er bekam einen dritten, zuletzt bekam er auch eine Tochter. So lebte er eine Zeitlang, die Kinder wuchsen, sie wurden groß, alles ging gut. Eines Tages fuhren die drei Söhne auf die Jagd, der Vater aber blieb wie gewöhnlich zu Hause, denn er hatte ein lahmes Bein. Er beschäftigte sich mit Hausarbeiten, er suchte sich durch allerhand Sachen nützlich zu machen. Es war ein schöner Tag, der Mann ahnte nicht, daß eine große Gefahr in der Luft hing. Was geschieht, wenn man denkt, es geschieht nichts Böses?
Das war so: Die Söhne waren noch gar nicht lange fort, als die Hunde zu bellen anfingen. Es näherten sich fremde Leute. Der Mann ging vor das Zelt, er

erschrak, er sah, daß es Tschuden waren. Da er vorläufig nichts anderes tun konnte, zeigte er sich nach außen hin erfreut und tat gastfrei. Er grüßte die Tschuden, er rief nach seiner Frau und sagte:
»Lauf sogleich zum Speicher und hol Fleisch für die Reisenden …«
Zu den Tschuden sagte er:
»Ruht euch aus, ihr Reisenden, ruht euch aus!«
Die Frau ging zum Speicher, der Mann aber flüsterte ihr vorher ein heimliches Wort zu. Darauf sagte er zu seiner Tochter:
»Lauf deiner Mutter zum Speicher nach und hilf ihr, das Fleisch für die Reisenden zu tragen …«
Die Tochter lief, der Mann aber flüsterte ihr ebenfalls ein heimliches Wort zu. Frau und Tochter ließen sich lange Zeit, sie kamen nicht zurück. Der Mann sagte zu den Tschuden, die schon ungeduldig wurden:
»Verzeiht und wartet noch eine kleine Weile, meine Gäste, ich bin mit meinen zwei Weibern nicht gesegnet, aber wenn ihr erlaubt, so werde ich sie an den Haaren herbeiholen!«
Die Tschuden erlaubten es. Der Mann tat wütend, er nahm einen Stock, er ging vor das Zelt. Der Mann konnte mit den Vögeln sprechen, ein Specht saß auf einem Baum, er sagte dem Specht ein heimliches Wort. Der Vogel flog fort. Der Mann nähte mit einer großen Nadel, so schnell er konnte, den Zelteingang

zu. Er lachte laut. Die Tschuden hörten den Mann lachen, sie wollten hinaus, sie konnten nicht. Sie riefen:
»Fuchs, hast du uns betrogen? Sofort läßt du uns hinaus!«
Der Mann nahm einen Spieß und durchstach das Zelt so lange, bis sich keiner der Tschuden mehr rührte. Sie waren alle tot.
Der Mann ging nun zum Speicher.
»Was ist geschehen, Vater?« fragte die Frau.
Der Mann sagte:
»Ich habe alle Tschuden getötet, Mutter!«
Der Specht war inzwischen in den Wald geflogen, der Vogel hatte die drei Söhne zurückgeholt.
»Was ist geschehen,Vater?« fragten die drei Söhne, »weshalb hat der Specht uns zurückgeholt, noch ehe wir mit unserer Jagd fertig waren?«
Der Mann sagte:
»Ihr müßt sogleich ein neues Zelt bauen, das alte taugt nichts mehr!«
Er zeigte seinen Söhnen das durchstochene Zelt mit den getöteten Tschuden. Die Söhne sahen die Tschuden, sie sahen sie in ihrem Blut …
Der Mann hinkte, er hatte ein lahmes Bein, er konnte nie mit seinen Söhnen auf die Jagd gehen, er mußte Hausarbeiten verrichten, aber wenn die Not kommt, so ist ein halbes Bein wieder ein ganzes wert.

»Du hast ein Wunder getan, Vater«, sagten die drei Söhne, »aber was werden wir jetzt mit den toten Tschuden anfangen?«
»Werft sie alle in den Fluß, damit sie wieder nach Hause schwimmen!«
Die Söhne trugen die toten Tschuden zum Fluß, sie warfen sie hinein und sie schwammen davon. Die Söhne gingen wieder zu ihrem Vater und bauten ein neues Zelt auf.

Mutter, Mutter, es kommen Leute

Vormals lebte ein gewisser Marm, dem wurde eine Tochter geboren, dem wurde ein Sohn geboren. So lebte er eine gewisse Zeit mit ihnen. Eines Tages nahm er sich vor, auf der Weide nach dem Rechten zu sehen. Als er nun alle Vorbereitungen getroffen hatte und sich zum Gehen anschickte, sagte er zu dem Sohn, sagte er zu der Tochter:

»Geht hinein und sagt eurer Mutter, daß sie keine Holzspäne in den Fluß werfen soll, während ich fort bin!«

Damit verließ er sie. Ob nun die Kinder ihren Auftrag der Mutter ausrichteten oder nicht, es geschah trotzdem, daß die Frau kurze Zeit darauf eine volle Schürze mit Holzspänen nahm, diese zum Fluß hinunter trug und hineinwarf. Dann ging sie wieder zurück und dachte an nichts Schlimmes. Die Kinder spielten am Ufer.

Aber weiter unten am Fluß hatte sich eine Schar Tschuden gelagert. Einer von ihnen ging um Wasser und sah die vorbeischwimmenden Holzspäne.

»Weiter oben leben Menschen!« sagte er, als er wieder zum Lagerfeuer zurückkam.

»Wieso weißt du das?«

»Es sind Holzspäne auf dem Wasser vorbeigeschwommen!«

Sie brachen auf und wanderten am Flußufer längs gegen die Strömung. Sie wanderten und wanderten, bis sie endlich dorthin kamen, wo die Hütte des Lappen stand. Die Kinder spielten noch am Flusse.

Einer der Tschuden fragte die Kinder: »Was treibt ihr hier, Kinderchen?«

Dem Knaben und dem Mädchen wurde angst. Sie machten sich auf die Beine und rannten zu ihrer Mutter und riefen:

»Mutter, Mutter, es kommen Leute!«

Die Frau ging hinaus und begrüßte sie:

»Wollen wir einander die Hände auf die Schultern legen, Fremde? Kommt herein ins Haus ...«

Sie setzte den Kessel aufs Feuer, kochte Fleisch und bat sie, davon zu essen.

»Eßt doch, Fremde, laßt nichts über, wenn es euch schmeckt!«

»Ist der Hausherr daheim oder ist er fort?« fragten die Tschuden.

»Er wird gleich zurück sein!« sagte die Frau.

Die Kinder waren wieder hinausgegangen und spielten vor der Türe.

Da kam der Hausherr von der Weide. Der Knabe lief ihm entgegen und sagte:
»Vater, wer sind diese Leute, die gekommen sind?«
»Leute«, rief der Vater erschrocken, »hat die Mutter Holzspäne in den Fluß geworfen?«
»Ja, die Mutter hat Holzspäne hinausgetragen und in den Fluß geworfen.«
»Nun, was sie getan hat, hat sie getan ...« sagte der Mann.
Dann ging er selbst in das Haus und grüßte die Fremden:
»Laßt uns einander die Hände auf die Schultern legen, Fremde! Warum eßt ihr nicht? Kommt, eßt, meine Gäste, laßt nichts über, wenn es Euch schmeckt!«
Er setzte sich selbst zum Essen nieder, und da aßen auch sie.
Als sie mit dem Essen fertig waren, wollten sie sich schlafen legen. Bevor sie sich aber hinlegten, nahmen sie den Mann und banden ihn an der Türschwelle fest.
Darauf legten sie sich hin und schliefen. Nachdem sie eine Weile geschlafen hatten, erwachte der größte von ihnen und sagte zu dem Mann:
»Nun, mein Mann, hast du gut geschlafen – und was hat dir schönes geträumt?«
»Lieber Vater«, sagte der Mann, »wie könnte ich schöne Träume haben, wenn ich hier angebunden

liege? Aber du, Vater, du bist doch bei meiner Frau gelegen, was hat denn dir geträumt?«
»Ach ich, ich träumte, es wären acht Raben gekommen und hätten mir die Augen ausgehackt! Aber was träumte dir?«
»Mir träumte«, sagte der Mann, »daß ein einziger Rabe acht anderen Raben die Augen ausgehackt hätte …«
»Unsinn!« sagte der Tschude, »ein Rabe hackt keinem anderen die Augen aus!«
Er legte sich wieder hin zum Schlafen. Als er eingeschlafen war, beugte sich der Mann weit vor und erwischte einen Säbel, den einer der Tschuden neben sich liegen hatte. Er schnitt seine Fesseln durch und schlug einem Tschuden um den anderen den Kopf ab. Dann nahm er ihnen die Geldgürtel ab und schleppte sie, Köpfe und Leiber, zum Ufer. Dort warf er sie ins Wasser. Er ging wieder zum Haus und fing an, lange Holzpflöcke zu schnitzen.
»Was schnitzt du da, Vater?« fragte der Knabe.
»Holzpflöcke, damit ich mit ihnen die Haut einer alten Renkuh und eines jährigen Kalbes zum Trocknen aufspannen kann …«
»Nein, Vater«, sagte der Knabe, »das ist nicht wahr, du hältst mich zum besten!«
»Ich halte dich nicht zum besten«, sagte der Mann, »geh nur hinein und sag deiner Mutter, daß sie herauskommen soll zu mir!«

Sie kam heraus, er nahm sie, zog ihr die Haut ab und pflöckte diese an die Wand des Erdhauses. Dann nahm er die Tochter an die Hand, zog sie hin und her und wußte nicht recht, was er mit ihr machen sollte. Dann aber zog er auch ihr die Haut ab und pflöckte diese ebenfalls an die Wand:
»Wo deine Mutter ist, kannst auch du sein!«
Der Knabe schrie und weinte.
»Wein' nicht«, sagte der Vater, »du darfst mit mir kommen!«
Er ging in das Haus, setzte sich nieder und aß. Als er fertiggegessen hatte, stand er auf und ging zum Flußufer. Er nahm ein Boot und ruderte nach der anderen Seite. Er wanderte mit dem Knaben fort. Sie wanderten und wanderten, bis sie in das Dorf kamen. Und dort lebten sie dann.

Ist das nicht alles erlogen?

Ein gewisser Samojede hatte ein zahmes Eichhörnchen, das konnte ihm die Zeit sagen wie eine Uhr. Er trug es Sommer und Winter an einer goldenen Kette. Der Samojede hieß Ivan, er hielt sich meistens in der Gegend von Archangelsk auf, das war aber nicht seine Heimat, er war ein Kaufmann, und deshalb nannten ihn alle Leute Ivan Kupets. Er konnte sogar russisch schreiben.

Das war auch der Grund, daß er außer seinem Eichhörnchen ständig ein Tintenfaß und außerdem eine Feder mittrug. Die hatte er an einer silbernen Kette. Das Eichhörnchen an einer goldenen, Tintenfaß und Feder an einer silbernen.
So ging er um und handelte im Hafen mit Fellen. Er war ein großer Zauberer wie alle Samojeden. Einmal zauberte er einem Offizier den Kopf fort und an dessen Stelle den federigen Kopf eines Eistauchervogels. Das war ein Spaß! So lief der Offizier einige Tage auf der Festung herum und ließ die Kanonen abfeuern. Dann zauberte ihm Ivan Kupets seinen richtigen Kopf wieder zurück. Kein Mensch weiß, wo dieser die ganze Zeit über war. Das war wirklich ein großer Spaß! Aber seinen Spitznamen hatte der Offizier seit dieser Zeit, seine Kameraden nannten ihn nur mehr Offizier Eisschnabel. Die gewöhnlichen Soldaten nannten ihn natürlich auch so, das taten sie aber nur unter sich, denn der Offizier Eisschnabel war ein sehr strenger Mann, und heilige Mutter Gottes, wenn er das gehört hätte! Wahrscheinlich hatte ihm Ivan Kupets wegen seiner allzu harten Strenge diesen Spaß an die Schultern gespielt, denn er war ein grundgerechter Mensch, er tat niemals etwas Böses, obgleich er durch seine Zauberkunst die allerschönsten Gelegenheiten gehabt hätte. Man möchte wünschen, daß jeder Zauberer so wie Ivan Kupets wäre.

Es hatte einmal ein fremder Steuermann versucht, Ivan Kupets' Uhr, sein Eichhörnchen, zu stehlen, aber diese Sache ging schief, läßt sich denken, wer stiehlt schon einem Zauberer die Uhr?
Sowas kommt nur in Kindergeschichten vor – und: Sind die nicht alle erlogen?
Das war so: Ivan Kupets war in einem Rausch eingeschlafen, er lag auf der Bank beim Ofen, er schnarchte, er träumte. Der fremde Steuermann hatte den ganzen Abend versucht, Ivan Kupets die Uhr, das Eichhörnchen, abzukaufen, bis zu achtunddreißig Rubel hatte er geboten. Wenn aber jeder Mensch in dieser Welt seine Uhr, sein Eichhörnchen, für achtunddreißig Rubel verkauft, Ivan Kupets tut das nicht!
Der fremde Steuermann ist zornig, er will das Eichhörnchen, die Uhr haben. Was tut er? Er merkt, daß Ivan Kupets auf der Bank liegt und träumt und schnarcht, er denkt sich: ›Ich werde ihm jetzt seine Uhr, sein Eichhörnchen, von der Kette nehmen! Gibt er es nicht gutwillig für Geld, so muß er es böswillig und ohne Geld lassen ...‹
Und wirklich: Der fremde Steuermann geht ganz leise, auf den Zehenspitzen geht er zu dem schlafenden Ivan Kupets, nimmt das Eichhörnchen, die Uhr, vom Karabinerhaken, mit dem es an der Kette festgemacht ist, und steckt es schnell in die Bluse hinein. Diebstahl!

Er springt zur Tür hinaus und will davon, versteht sich, auf sein Schiff ... Aber was geschieht? Die Uhr wird schwerer und schwerer bei jedem Schritt, das Eichhörnchen faucht bei jedem Schritt mehr und mehr – und auf einmal reißt die Bluse auf ...
Ist es aber nicht sonderbar, daß man mit einigen geheimen Worten eine Schlange und eine Petroleumlampe machen kann? Nun, wenn man ein Zauberer ist, geht es mit allem viel leichter im Leben!

Andreas Meyer VerlagsGmbH & Co KG
Vignetten nach Linolschnitten
von Ali Schindehütte
Satz und Druck: Druckerei Carstens, Schneverdingen
Einband: Buchbinderei Peter Labove, Uelzen
2. Auflage, im 38. Jahr des Merlin Verlages
Gifkendorf 1995
ISBN 3 926112 51 4